CW00376808

This book belongs to

....

Ce livre appartient à

....

Copyright © 2019 Amelie Julien. All rights reserved.
No part of this book may be reproduced, stored or transmitted by any means
without the written permission of the author.

My Mummy does weird things

Maman fait des choses bizarres

English - French
Anglais - Français

Amélie Julien
Illustrations by Gustyawan

My mummy does weird things sometimes.

When she wakes up in the morning,
mummy does not like talking much.

Ma maman fait des choses bizarres parfois.

Le matin, maman n'aime pas vraiment discuter.

I love talking. I, LOVE, TALKING!

J'adore discuter. J'AIME TROP DISCUTER !

Then she stretches her arms and her legs
in front of the TV, really slowly.

Ensuite, elle s'étire les bras et les jambes
devant la télé.

She says it's called yoga.

Elle appelle ça le yoga.

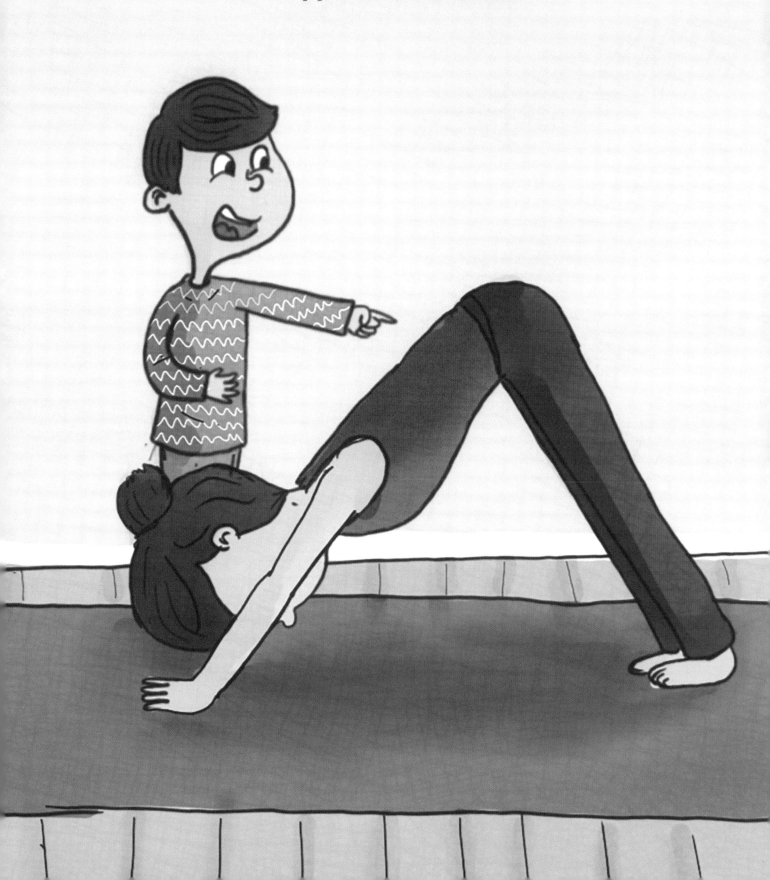

Sometimes, mummy locks herself in the bathroom for a very long time.

When she comes out, she is a different colour.

Parfois, maman s'enferme dans la salle de bains pendant très longtemps.

Et elle ressort toute colorée.

**Mummy also changes colour
when she is very unhappy.**

Quand maman n'est pas contente,
elle change de couleur aussi.

We find this a little scary at times.

Des fois ça nous fait un peu peur.

When we go shopping,
mummy reads all the labels on all the food
until she decides what to buy.

It takes work to be a mum.

Au supermarché, maman aime lire l'étiquette sur
chaque aliment, jusqu'à ce qu'elle trouve la boîte
parfaite.

C'est du travail d'être maman.

Mummy also really likes to hide things in secret places.

Me and my brother often find strange vegetables hidden in our pasta bowl...

Maman aime aussi beaucoup cacher des choses dans des endroits très secrets.

Souvent, mon petit frère et moi trouvons des légumes étranges dans nos spaghettis...

or sweets at the back of the cupboard.

ou des bonbons tout au fond du placard.

My mummy does all these weird things.

But when I am sad, she knows what to do.

Ma maman fait toutes ces choses bizarres.

Mais quand je suis triste, elle sait comment faire.

She holds me in her arms,
tells me she is proud of me,
and kisses me.

Elle me prend dans ses bras, et elle me dit
qu'elle est fière de moi.

Elle me fait des bisous.

My mum is one of a kind, isn't she?

Ma maman est quand même formidable,
n'est-ce pas ?

We hope you enjoyed this book.
We would love a customer review
from you on Amazon.
Thank you!

Nous espérons que ce livre vous a plu.
Nous aimerions beaucoup un commentaire
client de votre part sur Amazon.
Merci!

Printed in Great Britain
by Amazon

47795124R00015